AF206953

TODO LO QUE
un NIÑO
DEBERÍA SABER
sobre
DIOS

Todo lo que un niño debería saber sobre Dios
Tyndale House Foundation/10Publishing, 2015

Publicado por primera vez en inglés bajo el título
Everything a Child Should Know About God
Tyndale House Foundation/10Publishing, 2014

Visite el sitio web de Tyndale para niños en www.tyndale.com/kids
Tyndale es una marca registrada de Tyndale House Ministries

El logotipo de Tyndale Kids es una marca registrada de Tyndale House Ministries

ISBN 979-8-4005-0297-2

Publicado por 10Publishing, una división de 10ofthose.com
Unit C, Tomlinson Road, Leyland, Lancashire, PR25 2DY, Reino Unido

info@10ofthose.com
www.10ofthose.com

Escrito por Kenneth N. Taylor
Ilustrado por Jenny Brake
Composición tipográfica por Diane Warnes
Traducido por Raquel Farrugia (Editorial Peregrino)
Impreso en India

1 3 5 7 19 8 6 4 2

ESCRITO POR KENNETH N. TAYLOR
ILUSTRADO POR JENNY BRAKE

CONTENIDOS

El propósito de este libro es enseñar a los niños pequeños acerca de Dios. Creo que conocer a Dios es el principio de toda sabiduría. Y creo que los niños a los que se les enseña acerca de Dios en sus primeros años tendrán una influencia muy positiva de por vida.

He estado pensando en escribir este libro durante mucho tiempo, y creo que es una de las cosas más importantes que Dios me ha permitido escribir. Los niños aprenden fácilmente lo que se les enseña a temprana edad, ya sea en la televisión, en Internet o a través información bíblica que les puede cambiar la vida, como la que da este libro. Va mucho más allá que los libros de historias bíblicas, que también son muy necesarios.

Este es un manual básico que les habla a los niños acerca de la eternidad de Dios, de Cristo Jesús en el Cielo con su Padre, y de por qué vino a la tierra a morir. Habla de cómo volvió a Dios en el Cielo y de que vendrá otra vez. Reúne las principales enseñanzas de la Biblia acerca de Dios, pero explicadas con sencillez y brevedad.

KENNETH N. TAYLOR

PD: Este libro está pensado para que un adulto se lo lea al niño.

PARTE I

Sobre la Biblia

La Biblia nos habla de Dios

Aquí hay un dibujo de una Biblia.
Es el mejor libro de todo el mundo.
Nos habla de Dios, que es la Persona
más importante de todo el mundo.

Pregunta:

¿De quién nos habla la Biblia?

CAPES
RAIN
POTATOES
CLOUDS
TREES
STRAWBERRIES
PIGS &
HATS
TRACTORS
HEDGES
PENCILS
EGGS
SQUIRRELS
PLUGS
TRUMPETS
LAMPS
Yodelling
BRICKLAYING
FLUTES
CLOCKS
SANTA BIBLIA
SANTA BIBLIA

Leemos la Biblia para aprender sobre Dios

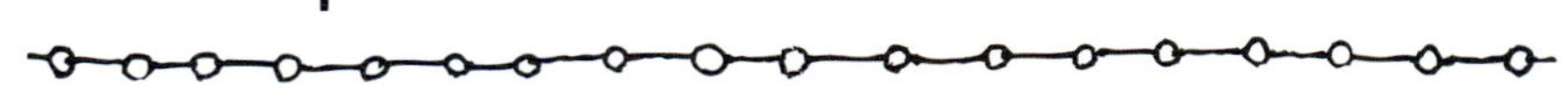

En este dibujo vemos una familia leyendo la Biblia juntos. La leen todas las noches. Leen acerca de Dios, nuestro Padre celestial.

Pregunta:
¿Acerca de quién lee esta familia?

Leer la Biblia es importante

Este niño se llama Enrique.
Tiene seis años y ya sabe leer.
Lee un poco de la Biblia cada día.
A veces le lee una historia de la
Biblia a su hermanita Lucía, que tiene
cuatro años y todavía no sabe leer.
Leer la Biblia es muy importante.

Pregunta:

¿Con qué frecuencia lee Enrique la Biblia?
Si tú todavía no sabes leer, ¿quién puede leerte
la Biblia o un libro de historias de la Biblia?

Los profetas escribieron la Biblia

Este es un profeta. Vivió hace mucho tiempo. Escuchaba a Dios, y escribía lo que Dios decía. Aquí está escribiendo parte de la Biblia. La Biblia fue escrita por mucha gente diferente. Dios escogió a profetas, reyes y amigos de Jesús para escribir todas las cosas que Él quería que supiéramos acerca de Él.

Pregunta:

¿Qué está haciendo el profeta?

Los amigos de Jesús escribieron partes de la Biblia

Dios le dijo a mucha gente que escribiera partes de la Biblia. Uno de los hombres que Dios usó para esto fue Pablo, el apóstol.

Pregunta:

¿Cuál es el nombre de uno de los amigos de Jesús que escribió parte de la Biblia?

La Biblia es el libro especial de Dios

Nadie excepto Dios sabe lo que le va a pasar al mundo dentro de muchos años. Él nos cuenta sus maravillosos secretos en el libro que nos ha dado. El nombre de su libro es la Biblia. Es el libro más maravilloso del mundo porque Dios mismo nos lo ha dado.

PARTE 2

Lo que Dios ha hecho

Dios hizo el Mundo

La Biblia nos habla acerca de Dios. Él ha hecho nuestro mundo y el sol y la luna. Él hizo billones de estrellas también, y las puso en el cielo. Podemos ver parte del universo que Él hizo cuando miramos al cielo por la noche.

Pregunta:
¿Quién hizo el mundo, el sol y las estrellas?

Dios hizo las plantas y los animales

Dios hizo nuestro precioso mundo y todos los árboles y las flores. Hizo también los animales. ¿Ves al león en el dibujo? ¿Ves la jirafa?

Dios hizo a los ángeles

Dios también hizo millones de ángeles. Normalmente no los podemos ver, pero algunas personas de la Biblia vieron ángeles y hablaron con ellos. ¡Puede que haya ángeles en esta habitación ahora mismo! Los ángeles nos ayudan.

Pregunta:
¿Quién hizo los ángeles?

Dios hizo al primer hombre y a la primera mujer

Aquí hay un dibujo del primer hombre y la primera mujer. Sus nombres eran Adán y Eva. Dios hizo a Adán de la tierra y le dio vida. Después Dios hizo a Eva de la costilla de Adán.

Dios cuida el mundo

Después de que Dios creara las plantas, los animales, a Adán y a Eva y todas las demás cosas que hay en el mundo, estaba muy contento. A Dios le gustaba su creación. Dios siempre se preocupa por lo que le pasa a lo que ha creado. ¡La Biblia nos dice que Dios cuida de los pajaritos y también de los niños como tú! Gracias, Dios, por amarme y ayudarme.

Termina esta frase con tu nombre:
Dios ama y se preocupa por

. . . .

PARTE 3

Quién es Dios

Dios siempre ha vivido

¿De dónde vino Dios? ¿Tuvo una mamá y un papá? No, Dios no necesitó padres. Él siempre ha estado vivo. ¿Quién hizo a Dios? Nadie lo hizo. Dios siempre ha estado vivo y siempre va a estar vivo.

Pregunta:
¿Tuvo Dios una mamá y un papá?

¡Es un NIÑO!
Bed 12

Dios es espíritu

Dios es espíritu. Esto significa que Dios es una persona sin cuerpo. Tú y yo tenemos cuerpos, pero Dios no necesita cuerpo. La niña del dibujo te está enseñando lo fuerte que es su cuerpo. Dios la cuida, pero no puedes verle porque no tiene cuerpo.

Pregunta:

¿Tiene Dios cuerpo?

Dios es amor

La Biblia dice que Dios nos ama. Le gusta ayudarnos. Él es nuestro amigo. Le gusta que hablemos con Él. Hablamos con Él cuando oramos. El niño del dibujo está hablando con Dios.

Dios es santo

Dios es santo. Esto significa que Él nunca hace nada malo. Él siempre hace lo correcto. Nadie es santo como Dios porque todos nosotros hemos pecado; eso significa que hemos hecho cosas que están mal. Pero Dios es perfecto. El niño del dibujo está llevándose algo que no es suyo. Eso está mal. Dios nunca se equivoca.

Pregunta:

¿Quién es santo y nunca
ha hecho nada malo?

Chocolate
Chews

Dios es bueno

Piensa en alguien que sea muy amable y bueno contigo. A lo mejor piensas en seguida en tu mamá y tu papá, y eso está bien. Y hay alguien más a quien le gusta hacer cosas buenas por nosotros. Hablo de Dios. Él es bueno con nosotros y nos perdona.

<u>Pregunta:</u>
¿Quién es aún más amable contigo
que tu mamá y tu papá?

Dios lo sabe todo

La mamá de Carolina le está explicando que Dios sabe todo lo que va a hacer ella la semana que viene y el año que viene. «Dios sabe tu nombre y dónde vives. Él sabe lo que están haciendo todas las personas del mundo. ¡Él lo sabe todo!»

Pregunta:

¿Sabes todo lo que vas a hacer
el año que viene? ¿Quién lo sabe?

August
SUGAR
hello cupcake
FLOUR

Dios está en todos sitios

«¿Dios está arriba en el Cielo?»,
le preguntó Guillermo a su
padre. «Sí – le dijo su padre–,
y Él está aquí con nosotros
en esta habitación. Y está con
el tío Jaime en el país lejano
de Japón. ¡Dios está en todos
sitios al mismo tiempo!»

Pregunta:

¿Dios está en el Cielo? ¿Y está en esta habitación?
Piensa en qué más sitios está Él ahora mismo.

CANADA
UNITED STATES OF AMERICA
MEXICO
BRAZIL
PERU
RUSSIA
MONGOLIA
CHINA
KAZAKHSTAN
INDIA
IRAN
ALASKA
GREENLAND
FRENCH WEST AFRICA
SOUTH AFRICA
Color Guide

Dios es la Persona más poderosa del Mundo.

¿Quién es la persona más fuerte que conoces? Ni siquiera el hombre más fuerte de la tele es tan fuerte como Dios. Dios es más poderoso que nada en la tierra, porque Él hizo el mundo y todo lo que hay en él. Nadie es más poderoso que Dios.

Pregunta:

¿Hay alguien más poderoso que Dios?

Dios es Uno

Juan estaba enseñando en la escuela dominical. Les preguntó a los niños: «¿Cuántos dioses hay?» Todos los niños le dijeron: «Solo hay un Dios». «Es verdad -dijo Juan-. Hay quien piensa que hay muchos dioses, pero solo hay uno».

ASÍ
ALUMBRE
VUESTRA
LUZ
Mateo 5:16

Dios es Padre, Hijo y Espíritu Santo

Juan dijo a los niños: «Nuestro Padre en el Cielo es Dios, y Jesús es Dios, y el Espíritu Santo es Dios. Pero son un solo Dios, juntos».

PADRE
HIJO
ESPÍRI

PARTE 4

El problema del pecado

El huerto de Edén

Después de que Dios creara a Adán y a Eva, los puso en el huerto de Edén. Era un lugar muy bonito y eran muy felices.

Dios advierte a Adán y a Eva

Dios les dijo a Adán y a Eva que podían comer fruta de cualquiera de los árboles en el huerto de Edén excepto del árbol del centro. Les dijo que si desobedecían y comían la fruta de ese árbol tendría que castigarles.

No
Comer

Satanás tienta a Adán y a Eva

Los ángeles son buenos, pero algunos ángeles se volvieron malos. Los ángeles malos se llaman demonios. Satanás está al mando de todos los ángeles malos. Se hizo pasar por una serpiente astuta y les dijo a Adán y a Eva que desobedecieran a Dios. Les dijo que comieran el fruto del árbol del centro del huerto, aunque Dios les hubiera dicho que no lo hicieran.

Pregunta:
¿Qué les dijo Satanás a Adán y a Eva que hicieran?

Adán y Eva desobedecen a Dios

En vez de confiar en Dios, Eva escuchó las mentiras de Satanás. Comió un poco de la fruta, y le dio a probar a Adán. Él la comió también. Desobedecieron a Dios. Desobedecer a Dios está muy mal. Es pecado.

Dios castiga a Adán y a Eva

Adán y Eva ya no eran felices porque habían desobedecido a Dios. Él tenía que castigarles. Envió un ángel que les hizo salir del precioso huerto. Dios les dijo a Adán y a Eva que como le habían desobedecido, tendrían tristeza y dolor. Ese día empezaron a envejecer y a morir.

Pregunta:

¿Cómo castigo Dios a Adán y a Eva?
¿Por qué les castigó?

Todos tenemos pecado en el corazón

Todos los hijos, nietos y demás descendientes de Adán y Eva también hicieron cosas malas. ¿Cuántas cosas malas ves que ocurren en este dibujo? ¿Por qué hacen estas cosas? Es porque todos tenemos pecado en el corazón. Pero Dios envió a su Hijo Jesús para ayudarnos.

Class 4B's Word Wall

PARTE 5

Jesús viene a ayudarnos

Jesús es el Hijo de Dios

La Biblia nos habla de Jesús. Él es el Hijo de Dios. Dios le ama mucho. Dios nos ama mucho a nosotros también; tanto que envió a su Hijo Jesús desde el Cielo para ayudarnos muriendo por nuestros pecados. Ahora Dios nos puede perdonar por las cosas malas que hacemos.

Pregunta:

¿Cómo se llama el Hijo de Dios?

Jesús siempre ha existido

Este es un dibujo de Jesús cuando vivía en la tierra. La Biblia nos dice que antes de venir a la tierra vivía en el Cielo. Había vivido en el Cielo con su Padre Dios desde siempre. Entonces vino a la tierra a ayudarnos.

Pregunta:
¿Dónde vivía Jesús antes de venir a la tierra?

Jesús deja su hogar en el Cielo

Jesús es el Hijo de Dios. Él vivía con su Padre en el Cielo. Miró al mundo y vio que la gente hacía cosas malas. Él sabía que Dios debía castigarles. Pero Dios no quería castigar a la gente que hacía cosas malas. Así que Jesús y su Padre hicieron un plan especial. Jesús dijo: «bajaré a la tierra, y Tú debes castigarme a mí en lugar de a las personas que pecan. Ellos merecen morir, pero yo moriré en su lugar». En el dibujo, la mamá de Sara está señalando al Cielo, donde Jesús vivía antes de venir a la tierra.

Pregunta:

Por qué dejó Jesús su hogar en el Cielo y vivió aquí en la tierra?

Jesús se hace bebé

Así que Jesús dejó su maravilloso hogar en el Cielo y vino aquí a la tierra para ayudarnos. ¿Vino a la tierra como un ángel? No, ¡vino como un bebé! ¿Vino como un rey poderoso? No, ¡sino como un bebé! ¿Tendrías miedo de un bebé? ¡Por supuesto que no!

Pregunta:

¿Jesús vino a la tierra
como un poderoso rey?

Un ángel habla a María

Aquí vemos un dibujo del ángel Gabriel diciéndole a María que iba a tener un bebé. Gabriel dijo que el bebé iba a ser el Hijo de Dios y que su nombre sería Jesús.

Pregunta:

¿Qué le dijo el ángel a María?

El nacimiento de Jesús

María y su marido, José, salieron de viaje cuando el bebé estaba a punto de nacer. No encontraron un lugar para quedarse, así que se alojaron en un establo. Esa noche, Jesús -el hijo de Dios- nació allí donde las vacas, ovejas y burros vivían. Qué extraño que el que hizo el mundo naciera en un establo y no en una bonita casa.

Pregunta:

¿Nació Jesús en una bonita casa?
¿Dónde nació Jesús?

Un ángel habla a los pastores

La noche que Jesús nació, algunos
pastores estaban en el campo
cuidando a sus ovejas. De repente,
un ángel apareció y les dijo
«Jesús, el Hijo de Dios, ha nacido
en la ciudad de Belén».

Pregunta:

¿Qué les dijo el ángel a los pastores?
¿Quién nació esa noche en Belén?

Los ángeles alaban a Dios

Entonces, el cielo se llenó
de ángeles que exclamaban
«Gloria a Dios». Estaban felices
porque el Hijo de Dios había
venido a la tierra a ayudarnos.

Pregunta:
¿Por qué estaban felices los ángeles?

Los pastores adoran a Jesús

Los pastores corrieron a la pequeña ciudad de Belén, donde había nacido el bebé Jesús. Se arrodillaron y le adoraron porque Él era el Hijo de Dios.

Pregunta:

¿Por qué se arrodillaron los pastores ante el bebé?

Unos sabios visitan a Jesús

Más tarde, unos hombres sabios vinieron de tierras lejanas y trajeron regalos para Jesús. ¿Sabes por qué? Porque Jesús es el Hijo de Dios. Él es el Rey poderoso.

Pregunta:

¿Ves el dibujo de los sabios?
¿Qué le están dando al Hijo de Dios?

El niño Jesús enseña a los mayores

Aquí hay un dibujo de Jesús cuando tenía doce años. Les está hablando a algunos hombres acerca de Dios. Jesús conocía a Dios porque Él siempre había estado con Dios en el Cielo antes de nacer.

Jesús elige a doce ayudantes

Cuando Jesús creció, Él escogió doce hombres para que fueran sus amigos especiales. Se llamaban discípulos. Iban con Él a todos los sitios donde Él iba, y Jesús les enseñaba acerca de Dios.

Pregunta:

¿Cómo se llamaban los doce amigos especiales de Jesús? ¿Puedes contar a los discípulos en el dibujo?

JACOBO

JUAN

JUDAS

TADEO

FELIPE

SIMÓN

BARTOLOMÉ

ANDRÉS

JACOBO

PEDRO

MATEO

TOMÁS

Jesús sana a un hombre ciego

Jesús hizo muchas cosas maravillosas, como curar a personas enfermas. En este dibujo está haciendo que un hombre ciego vea. Él le dijo a la ceguera que se fuera y, de inmediato, el hombre pudo ver.

Pregunta:

¿Cuánto tiempo tardó Jesús en hacer que el hombre ciego pudiera ver?

Jesús hace que una niña vuelva a la vida

¡Aquí, Jesús está haciendo que una niña que estaba muerta vuelva otra vez a la vida! Qué cosas tan maravillosas hizo Jesús. Él pudo hacer estas cosas porque Él es el Hijo de Dios.

<u>Pregunta:</u>

¿Qué le pasó a la niña que estaba muerta?

Jesús hace milagros

En este dibujo, Jesús está caminando sobre el agua. ¿Puedes tú caminar sobre el agua? ¡Claro que no! Pero Jesús podía porque Él es el Hijo de Dios.

Pregunta:

¿Qué está haciendo Jesús en el dibujo?
¿Por qué podía hacer eso?

¡Larga vida al Rey!

Mucha gente quería que Jesús fuera su rey. En este dibujo, están agitando hojas de palma y poniendo sus capas en el suelo delante del burro que Jesús montaba. Hacían esto para mostrarle que sabían que él era grande y bueno.

<u>Pregunta:</u>

¿Qué hacía la gente?

Algunas personas odiaban a Jesús

Pero algunas personas no querían que Jesús fuera el rey. Estaban enfadados y tenían celos de Él. Enviaron soldados para capturar a Jesús y llevarle a prisión.

Pregunta:
¿Qué hicieron los soldados?

Pilato deja que el pueblo mate a Jesús

Entonces, los enemigos de Jesús le llevaron ante un hombre llamado Pilato. Él decidió qué es lo que había que hacer con Jesús. Les dejó llevarse a Jesús, así que lo llevaron para matarlo. Él llevó la cruz en la que moriría.

Pregunta:

¿Qué llevó Jesús?

Jesús muere en una cruz

Los soldados clavaron las manos y los pies de Jesús a la cruz y le dejaron morir allí. ¿Había sido malo? ¿Por eso lo mataron? No, Él nunca había hecho nada malo. Él estaba muriendo por tus pecados y por los míos. Dios le estaba castigando por las cosas malas que nosotros hemos hecho. Él murió en nuestro lugar. Ahora Dios puede perdonarnos por ser malos si se lo pedimos.

Pregunta:

¿Quién murió por tus pecados?
¿Quieres pedirle a Jesús que te perdone
y que sea tu Salvador y tu Señor?
Puedes hacerlo ahora. Puedes orar y decirle
"Gracias, Jesús, por morir por mis pecados".

Jesús muere por nuestros pecados

¿Murió Jesús porque fue malo? No, Él era bueno. Él nunca hizo nada malo en toda su vida. Dios le castigó por las cosas malas que Adán y Eva hicieron, y que tú y yo hemos hecho. Este es el plan especial que Jesús y su Padre acordaron. ¡Qué bueno que Jesús hiciera esto por nosotros! ¡Cuánto nos ama! ¡Cuántas gracias debemos darle!

Pregunta:
¿Por qué deberíamos agradecer a Jesús?

Los amigos de Jesús están tristes

. . . .

Algunos amigos amables de Jesús bajaron su cuerpo de la cruz. Estaban muy tristes. Creían que Jesús iba a ser un rey poderoso y, en lugar de eso, lo habían matado y ahora estaba muerto.

Pregunta:
¿Por qué están tristes los amigos de Jesús?

Jesús es sepultado

Los amigos de Jesús pusieron el cuerpo muerto de Jesús en esta cueva y pusieron una gran piedra en frente de ella para mantener fuera a los perros y otros animales.

<u>Pregunta:</u>

¿Por qué pusieron la gran piedra?

María se encuentra a un ángel

El domingo temprano, tres días después de morir Jesús, hubo un gran terremoto. Un ángel del Señor bajó desde el Cielo, quitó la piedra y se sentó sobre ella. Su cara brillaba como un relámpago y sus ropas eran blancas y brillantes. Cuando María entró en la cueva, el ángel le dijo: «¡Jesús no está aquí! ¡Está vivo otra vez!» ¡Dios resucitó a Jesús!

Pregunta:
¿Cómo se quedó vacía la tumba?

Los amigos de Jesús buscan su cuerpo

Pedro y Juan, que eran buenos amigos de Jesús, escucharon que su tumba estaba vacía. Y así era, la piedra que había en la entrada había sido quitada. Entraron a la cueva y vieron el lugar donde había estado el cuerpo muerto de Jesús, pero Jesús ya no estaba allí. ¡Dios le había levantado de los muertos!

Pregunta:

¿Vieron Pedro y Juan el cuerpo de Jesús en la cueva? ¿Por qué no?

¡Jesús está vivo!

Tres días después de que mataran a Jesús, Dios le resucitó otra vez. ¡Ya no está muerto! Cada año celebramos este hecho maravilloso en Semana Santa. Se llama la Resurrección. Dios le levantó de la muerte. En el dibujo, el pueblo de Dios está cantando acerca de que Dios levantó a Jesús de los muertos. ¡Él está vivo!

<u>Pregunta:</u>

¿Qué hizo Dios por Jesús?

HE
IS
RISEN

Jesús visita a sus amigos

Más tarde ese día en que Dios levantó a Jesús de la muerte, los amigos de Jesús estaban juntos en una habitación. De repente, ¡Jesús estaba allí, hablando con ellos! No abrió la puerta y entró, porque estaba cerrada. ¡Debió de atravesar la pared! Él podía hacer cosas como esa porque Jesús es Dios.

Pregunta:
¿Cómo entró Jesús en la habitación?

Jesús vuelve al Cielo

Después de varias semanas, Jesús y sus amigos estaban en un monte. De repente, ¡empezó a elevarse hacia el Cielo y desapareció tras una nube! Volvió con su Padre al Cielo, donde había estado siempre antes de hacerse un bebé en la tierra.

Pregunta:

¿Dónde fue Jesús?
¿Había estado antes en el Cielo?
¿Cuándo?

Jesús volverá

De pronto, dos ángeles aparecieron en medio de los amigos de Jesús y les dijeron: «Jesús volverá un día». Vendrá en las nubes, igual que se ha ido. Cuando Jesús vuelva, Él se llevará a sus amigos al Cielo para que estén con él para siempre. Podría volver hoy. ¿Eres uno de sus amigos?

Jesús ora por nosotros

Mientras Jesús está en el Cielo, él ora por nosotros y le habla a Dios, su Padre, acerca de nosotros. Le cuenta a Dios acerca de sus amigos y le pide que perdone nuestros pecados y nos ayude. ¡Qué amigo tenemos en Jesús! Este es un dibujo de Jesús con dos de sus amigos. Tú también puedes ser su amigo.

Pregunta:

¿Qué hace ahora Jesús?

Jesús nos ama

¿Murió Jesús por los niños? ¡Sí!
¿Ama Jesús a los niños? ¡Sí! Jesús
dijo: «Dejad a los niños venir a mí».
La Biblia dice: «Cree en el Señor
Jesucristo y serás salvo».

Pregunta:
¿Conoces esta canción?
Vamos a decirla o a cantarla juntos:
«Cristo me ama, bien lo sé
Pues la Biblia dice así!»

PARTE 6

Jesús quiere salvarnos

Todos somos pecadores

Todos hemos hecho cosas malas. Dios dijo que no las hiciéramos, pero aún así las hicimos. ¿Alguna vez has dicho una mentira? Eso es pecado. ¿Alguna vez te has llevado algo que no era tuyo? Eso es pecado.

Pregunta:

¿Alguna vez has pecado?

Jesús quiere salvarte

Jesús murió por ti, porque quiso ser tu salvador. Él perdonará tus pecados si se lo pides. Él quiere que vengas y le hables. Puedes decirle: «Gracias por morir por mí. Ven a mi corazón, Señor Jesús». ¿Quieres hacerlo ahora?

Pregunta:

¿Qué deberías decirle a Jesús?

Jesús quita nuestros pecados

Dios siempre castiga el pecado. ¿Así que Dios castigará a los que creemos en él por las cosas malas que hemos hecho? No, porque Jesucristo nuestro Señor se dio a sí mismo para ser castigado en nuestro lugar. Él murió en la cruz por nuestros pecados. ¡Ahora Dios puede perdonarnos y mirarnos como si nunca hubiéramos pecado! Gracias, Jesús, por quitar nuestros pecados.

Pregunta:

¿Quién fue castigado por
Dios por tus pecados?

Eres parte de la familia de Dios

Cuando te conviertes en cristiano, pasas a formar parte de la familia de Dios. Él quiere amarte como su hijo o su hija. Quiere ayudar a tu papá y a tu mamá a cuidar de ti. Cuando hagas algo malo, te lo dirá, y estará contento cuando hagas lo correcto. Dios quiere que sepas que eres muy especial para Él. En el dibujo, Juan está pintando a su familia. Espero que todos conozcan a Jesús.

Pregunta:

Di los nombres de algunas personas a las que Dios ama. ¿Has dicho tu nombre también?

Podemos vivir con Jesús en el Cielo

Dios siempre ha vivido y siempre va a vivir. Tú también vivirás siempre. Algún día, nuestros cuerpos se harán viejos y morirán. Entonces, si amamos a Jesús, podremos ir a vivir con Dios al Cielo. La Biblia nos dice que el Cielo es un lugar precioso y todos son muy felices allí. ¡El Cielo será un lugar maravilloso para vivir! Esta niña está pensando en lo maravilloso que es el Cielo.

Pregunta:

Si amas a Jesús, ¿a qué lugar maravilloso puedes ir después de morir?

¡Gracias, Jesús!

Tenemos que darle gracias a Jesús por su bondad. En este dibujo, Alicia está orando con su madre. ¿Te gustaría orar a ti también? Podemos hacerlo ahora: «Gracias, Jesús, por morir en la cruz. Estoy feliz porque un día podré vivir contigo en el Cielo. ¡Gracias por poder hacerme ser parte de tu familia! Amén».

Pregunta:

¿Quién murió para que tus pecados pudieran ser perdonados?

PARTE 7

El Espíritu Santo nos ayuda

El Espíritu Santo es Dios

Esto es algo maravilloso para recordar: Nuestro Padre en el Cielo es Dios, Jesús es Dios, y el Espíritu Santo es Dios. Y, sin embargo, solo hay un Dios. Ahora vamos a hablar de Dios el Espíritu Santo. Él vive en el Cielo y aquí en la tierra y vive en el interior de las personas de su pueblo. Él nos da poder y nos llena de gozo. Los niños de este dibujo son amigos de Dios. Tienen al Espíritu Santo en su interior; están felices y son amables.

Pregunta:

¿Quién es nuestro Amigo y Ayudador especial?

El Espíritu Santo nos ayuda

Te voy a contar algo maravilloso acerca del Espíritu Santo. Él nos ayuda a portarnos bien. Él puede ayudarnos a ser buenos y amables. Nos ayuda a no ser malos con los demás niños. Nos ayuda a obedecer a nuestros padres y a hacerlo en seguida. También nos ayudará en el colegio. Él está ayudando al niño del dibujo a ser amable. El Espíritu Santo siempre quiere ayudarnos. ¡Ora y pídele que te ayude!

Pregunta:
¿Quién puede ayudarte a ser amable y obediente?

El Espíritu Santo viene a los amigos de Jesús

Unos días después de que Jesús volviera al Cielo, sus amigos estaban juntos en una habitación orando. De repente, hubo un ruido ensordecedor. Aparecieron llamas de fuego sobre sus cabezas, pero el fuego no les quemaba ni les hacía daño. Era el Espíritu Santo, que Jesús les enviaba para ayudarles.

Pregunta:

Di lo que ocurrió después del ruido ensordecedor.

El Espíritu Santo ayuda a los amigos de Jesús a predicar

Después de que las lenguas de fuego aparecieran en las cabezas de los amigos de Jesús, salieron, ¡y empezaron a predicar en idiomas que nunca habían aprendido! Todos estaban muy sorprendidos de que pudieran hablar en esos idiomas. Podían hacerlo porque el Espíritu les ayudó.

Pregunta:

¿Cómo fueron capaces los amigos de Jesús de hablar en idiomas que no habían aprendido?

Los amigos de Jesús hacen milagros

El Espíritu Santo dio poder a algunos de los amigos de Jesús para curar a gente enferma y para hacer que los muertos pudieran volver a vivir.

Pregunta:

¿Qué poder dio el Espíritu Santo a algunos amigos de Jesús?

Los amigos de Jesús hablan a otros

A los amigos de Jesús les gustaba hablar a otros acerca de Jesús. Pero, a veces, la gente a la que hablaban se enfadaba. No amaban a Dios. Hacían daño a los amigos de Jesús y les decían que no hablaran de Jesús nunca más. En este dibujo, Pablo está hablando a la gente acerca de Jesús. Algunas personas están muy enfadados y van a tirarle piedras, pero Pablo no tiene miedo. Él prefiere que le hagan daño o que le maten antes que dejar de hablar a otros de lo maravilloso que es Jesús. El Espíritu Santo le ayudaba a ser valiente.

Pregunta:

¿Pablo va a dejar de hablar de Jesús aunque le tiren piedras?

PARTE 8

Por qué vamos a la iglesia

Cómo empezó la iglesia

En el dibujo anterior vimos un hombre a quien le hacían sufrir por amar a Jesús. Muchos amigos de Jesús tuvieron que trasladarse a otras ciudades y países para estar a salvo. Estos cristianos hablaron a sus nuevos vecinos y amigos acerca de Jesús. Se reunían para cantar a Jesús y dar gracias a Dios juntos. Se animaban y ayudaban unos a otros. Cuando se juntaban así, eran una iglesia. Así es como empezaron muchas iglesias en muchos países.

Pregunta:

¿De qué les hablaban los amigos de Jesús a sus vecinos?

¿Qué es la iglesia?

La mayoría de las personas que creen en Jesús se reúnen cada semana. Leen la Biblia, cantan canciones, oran y se animan unos a otros. Por eso vamos a la iglesia. ¡La iglesia es un lugar estupendo para adorar a Dios y hacer nuevos amigos! En el dibujo puedes ver gente yendo a la iglesia.

Pregunta:

¿Qué hace la gente en la iglesia?

Vamos a la iglesia para aprender de Dios

. . . .

Estos niños están en la iglesia. Van a juntarse con otros niños y a cantar alabanzas y dar gracias a Dios. Si no fueran a la iglesia cada semana, poco a poco se olvidarían de lo maravilloso que es Dios. Me alegra que vayan a la iglesia, ¿y a ti?

Pregunta:

¿Por qué es bueno ir a la escuela dominical y a la iglesia todas las semanas?

NOÉ HIZO CONFORME A TO
DIOS LE MANDÓ

Vamos a la iglesia para bautizarnos

Cuando Jesús estaba en la tierra, fue bautizado por su amigo Juan. Jesús nos dice que deberíamos bautizarnos también. El bautismo les dice a los demás que tú perteneces a Jesús. El bautismo es muy especial. Pídele a tu papá o a tu mamá que te hablen acerca del bautismo en tu iglesia. En el dibujo, Jesús está bautizando a Jesús.

Pregunta:

¿Que está haciendo Jesús?

Vamos a la iglesia para tomar la Cena del Señor

La noche antes de morir Jesús en la cruz, tomó la última cena con sus discípulos. Quería hacer algo especial para ayudarles a recordarle. Así que tomó un trozo de pan, dio gracias a Dios por él, y lo dio a los discípulos. También tomó una copa, dio gracias a Dios y pidió a sus amigos que bebieran de ella. Este es un dibujo de Jesús dando el pan a sus discípulos. Cuando hacemos esto en la iglesia, nos recuerda que Jesús murió por nuestros pecados y que somos amigos de Dios.

Pregunta:

¿Qué quiere Jesús que recordemos?

PARTE 9

Vivir como amigos de Jesús

Los amigos de Jesús son amables

Aquí hay dos niñas que aman a Jesús. Están cogiendo flores para llevárselas a su vecina que está enferma. Están siendo amables. El Espíritu Santo que vive dentro de ellas les ayuda a ser amables.

<u>Pregunta:</u>
¿Quién ayuda a los niños a ser amables?

Los amigos de Jesús oran

Aquí está Carlos. Está hablando con Dios, su Padre que está el Cielo. A Dios le gusta cuando Carlos viene y habla con él. Tú también puedes hablar con Dios. Por ejemplo, antes de ir a la cama. Puedes hablar con Dios en cualquier momento. No hace falta estar de rodillas.

Pregunta:
¿Cuándo podemos hablar con Dios?

Los amigos de Jesús hablan a otros

Dios quiere que su pueblo hable a otros de lo que Jesús ha hecho por ellos. Aquí hay tres formas en las que puedes ayudar:

1. Habla a tus amigos acerca de Jesús.

2. Invítales a la escuela dominical para que el profesor pueda ayudarte a hablarles.

3. Da un poco de tu dinero a la iglesia para que la iglesia pueda dárselo a misioneros. Ellos hablan a gente en otros países acerca de Jesús. En el dibujo, Mateo le está hablando a su amigo acerca de Jesús.

Pregunta:

¿Qué puedes hacer para ayudar a otros niños a aprender de Jesús?

Los amigos de Jesús están agradecidos

A veces cantamos en la iglesia:

«Oh, pueblos todos alabad
En alta voz; a Dios cantad
Regocijaos en su honor
Servid alegres al Señor»

Deberíamos alabar a Dios y darle gracias cada día. Vamos a orar ahora: «Gracias, Dios, por amarnos. Te alabamos porque eres maravilloso».

Pregunta:
¿Por qué deberíamos alabar a Dios?

PARTE 10

Cuando Jesús vuelva

Jesús volverá

Jesús ahora está en el Cielo, pero un día volverá a través de las nubes. Lo veremos y nos llevará al Cielo para vivir con Él. ¡Qué día tan emocionante será! ¡Podría venir hoy! En el dibujo, esta familia está hablando de cómo será ver a Jesús volver del Cielo.

Pregunta:
¿Quién va a volver del Cielo?

Dios castigará a los malos

. . . .

Un día, Dios castigará a todos los que lo merecen excepto a aquellos cuyos pecados han sido perdonados. Jesús nos dice que vayamos a Él y Él nos salvará.

Pregunta:

¿Qué pasa cuando venimos a Jesús?

Estás invitado a venir al Rey Jesús.
¿Aceptarás?
SÍ
NO

Dios traerá paz

Cuando Jesús vuelva, Dios traerá paz en la tierra y no habrá más muerte ni más lágrimas. Todos le obedecerán y harán el bien. ¡Qué maravilloso será esto! La Biblia nos dice que oremos: «Ven pronto, Señor Jesús».

Recuerda

Dios está contigo

Dios siempre sabe lo que es mejor que hagas. Siempre se alegra de ayudarte a saber lo que quiere que hagas. Eres su hijo, y Él estará contigo y te ayudará hoy y mañana y cada día de tu vida.

En la Biblia, Dios nos habla de su amor por nosotros y nos dice qué quiere que hagamos. También nos dice otras cosas que quiere que nunca hagamos. En estas páginas están algunas de esas reglas.

I. NO DEBES ADORAR A OTROS DIOSES

Esto significa que nunca debes adorar a nadie excepto a Dios. Debemos amarle con todo nuestro corazón y orar a Él, que es el único Dios.

2. NO DEBES HACERTE ÍDOLOS

A veces, la gente hace estatuas y las adora como si fueran Dios. Dios nos dice que no lo hagamos.

3. NO USES MAL EL NOMBRE DE DIOS

Está mal usar el nombre de Dios sin cuidado o cuando estás enfadado. Debemos usarlo para hablar con él en oración, y para alabarle y darle gracias.

4. RECUERDA EL DÍA DE REPOSO PARA SANTIFICARLO

Tenemos que mostrar que amamos a Dios yendo a la iglesia cada semana. Así escuchamos cuando se lee y se explica la Biblia. Es bueno para nosotros estar con otras personas que aman a Dios.

5. HONRA A TU PADRE Y A TU MADRE

Tenemos que amar a nuestros padres y tratarlos con respeto y honor. Por ejemplo, no tenemos que responderles mal. Tenemos que hacer lo que nos dicen que hagamos y no hacer lo que nos dicen que no hagamos.

6. NO MATARÁS

Este mandamiento de Dios significa que está mal asesinar a las personas. Dios les ha dado su vida para usarla para Él, y no debemos quitarla. Dios dice que no hagamos daño a otros, sino que les ayudemos.

7. MARIDOS Y ESPOSAS

Dios les da a las esposas sus maridos, y Él da a los maridos sus esposas. Dios no quiere que se dejen y se casen con otra persona nunca. En lugar de eso, tienen que quererse y protegerse el uno al otro siempre, y ayudarse el uno al otro. Dios les ayudará y, si tienen hijos, ayudará también a los hijos.

8. NO DEBES ROBAR

Dios dice que no debemos tomar dinero u otras cosas que no sean nuestras. No tenemos que llevarnos las cosas que pertenecen a otras personas, aunque las queramos mucho.

9. NO DEBEMOS DECIR MENTIRAS

Dios quiere que seamos sinceros y digamos la verdad todo el tiempo. Si tienes un accidente y rompes algo, como un plato, di que lo hiciste tú y que lo sientes. No mientas o digas que otra persona rompió el plato. Eso estaría mal y Dios no quiere que digas mentiras.

10. NO DEBES DESEAR LO QUE NO ES TUYO

A lo mejor alguien tiene un juguete que te gustaría tener. Debes esperar hasta ganar suficiente dinero para comprarlo, o a lo mejor puedes recibirlo como regalo de Navidad o de cumpleaños. Pero Dios no quiere que estés pensando o preocupándote por ello, lamentándote porque no lo tienes ahora. En vez de eso, tienes que estar contento con lo que Dios te ha dado: tu familia, tu hogar, y muchas otras cosas.